AF267207

LA
FÉDÉRATION

DE 1889

DANS LA SARTHE

LE MANS

IMPRIMERIE ALBERT DROUIN

5, RUE DU PORC-ÉPIC, 5

—

1887

LA
FÉDÉRATION
DE 1889
DANS LA SARTHE

LE MANS

IMPRIMERIE ALBERT DROUIN

5, RUE DU PORC-ÉPIC, 5

—

1887

LA FÉDÉRATION

DE 1889

DANS LA SARTHE

I. — COUP D'ŒIL EN ARRIÈRE

La République n'existe réellement en France que depuis l'année 1878 — après le piteux échec des gens qui, sous la présidence de Mac-Mahon, avaient voulu rétablir la Monarchie par un coup d'Etat.

A cette époque, les républicains étaient unis. Les députés qui venaient d'être nommés sur un programme très démocratique, disaient : « Maintenant que la République est victorieuse, qu'elle est bien établie et consolidée, que nous sommes **les maîtres,** nous allons — en nous inspirant de ce qu'ont fait nos pères, lors de la grande Révolution de 1789 — nous allons débarrasser la

France des institutions monarchiques, nous allons faire des réformes, augmenter par tous les moyens le bien-être de nos électeurs ! »

Ils disaient encore :

Le clergé est tout puissant.

Nous allons lui montrer que les superstitions religieuses ne font pas notre affaire, nous allons établir la liberté de conscience. Paiera son curé qui voudra : mais les contribuables ne seraient plus imposés de 80 millions en faveur de gens qui ne cherchent qu'à les gruger et à renverser la République.

La magistrature est mal organisée, elle n'est pas indépendante.

Eh bien ! nous allons chercher à faire de bons juges, nous allons travailler à faire une réforme bien raisonnable, bien comprise, de façon à ce que les plaideurs soient jugés avec la plus grande équité.

La justice est abominablement chère.

Nous allons la simplifier, mettre le feu

à tous ces amas de papier timbré, diminuer les frais de la procédure, rendre la justice presque gratuite, de façon à ce que le pauvre n'ait pas perdu d'avance son procès lorsqu'il plaidera contre le riche.

Les impôts sont énormes.

La France a été endettée de millions et de milliards par les anciens régimes, par le second empire surtout : eh bien ! nous allons diminuer tout cela, nous allons mettre l'ordre et la clarté dans le budget, nous allons prouver que la République est le moins coûteux de tous les régimes.

Ah ! bien ! oui !

Voilà bientôt dix années que nous jouissons de cette République-là.

Electeurs sarthois, nous sommes à la fin de 1887,

Et : **L'Etat est encore sous la domination de l'Eglise !**

La magistrature est toujours recrutée de la même façon !

La justice est aussi coûteuse !

Les impôts ont augmenté !

La France est plus endettée que jamais !

Pourquoi?

Parce que les républicains qui nous faisaient de belles promesses en 1878 les ont peu à peu oubliées. La plupart se sont endormis.

Il est si doux d'avoir le pouvoir, d'avoir les *places*, de *distribuer les bureaux de tabacs*, sans songer à autre chose qu'à bien vivre !

Aussi, pendant ces neuf années, toutes les fois que surgissait un ministère vraiment républicain, disposé à travailler, soucieux de réformes, cela tracassait nos endormis. Au bout de deux mois, ils en avaient assez et ils renversaient ce ministère qui mettait des épines dans leur lit de roses.

Par contre, lorsqu'un ministère était favorable à leur paresse : lorsqu'ils trouvaient dans ce ministère des *chefs autoritaires* qui gouvernaient sans les tracasser par des demandes de réformes : alors tout allait bien. Ils laissaient les Ferry et les Waldeck-Rousseau s'éterniser au pouvoir, dépenser l'argent de la France à pleines mains, verser le sang des Français à flots. Ils ne s'inquiétaient ni du **Tonkin**, ni du **déficit**.

Et, pendant ce temps, que faisaient nos bons ennemis les monarchistes?

Oh! ceux-là étaient habiles.

Ils disaient aux Français : « Mais vous voyez bien que votre République ne vous donne pas ce qu'elle vous a promis. — Elle vous saigne, elle vous ruine. Elle conserve les institutions Monarchiques que nous avions — Franchement, quelle différence y a-t-il entre elle et notre régime? Venez donc à nous, nous avons de l'argent, nous ferons marcher le commerce, nous vous donnerons plus de beurre que de pain! »

— Et les électeurs s'en allaient tout doucement à l'orléanisme..

Seulement, les bons et les vrais républicains — ceux qui étaient toujours désireux de tenir **leurs promesses veillaient** au grain.

II. — LA SITUATION ACTUELLE

Ils veillaient! et aux élections générales de 1885, ils arrivaient à la Chambre en assez grand nombre pour tenir en respect les **républicains endormis** et les décider à créer un ministère un peu actif.

On sait ce qu'était ce Ministère. Il était composé de républicains loyaux et sincères, décidés à marcher en avant.

C'étaient M. Goblet, un démocrate énergique de grand talent et de grand mérite, M. Lockroy, un homme entreprenant et travailleur, M. Granet, un républicain d'avant-garde, administrateur plein d'intelligence ! C'était enfin le général Boulanger qui sut en peu de temps réorganiser notre armée d'une façon si admirable qu'il devenait la terreur de l'Allemagne et l'espoir de tous les Français !

Eh bien ! vous savez de quelle manière fut traité ce ministère par les républicains ultra-modérés !

On lui chercha toutes les misères ; on lui créa tous les obstacles — on épuisa contre lui toutes les chicanes de l'arsenal parlementaire. — On en vint aux insultes. — Le général Boulanger — objet de la plus grande popularité — fut traîné dans la boue ! — Et, enfin, le 28 mai, dans une journée qui demeurera à jamais néfaste, ce ministère républicain était renversé PAR UNE COALITION DE MONARCHISTES ET DE RÉPUBLICAINS !

III. - - LA FÉDÉRATION

Cette fois, c'en était trop ! La mesure était comble !

Ce pacte conclu entre une fraction du parti républicain et la Droite monarchiste était trop manifeste, trop visible, trop écœurant !

Le ministère Rouvier ne vivait que par la bonne volonté des orléanistes !

Une telle situation était intolérable, et les vrais républicains résolurent de protester, comme l'avaient fait autrefois les 363, aux yeux de la France entière, contre un état de choses aussi déplorable !

Les feuilles réactionnaires exultaient de joie !

M. Rouvier venait de déclarer **qu'il ne combattrait pas les partis monarchistes !**

Les cléricaux relevaient la tête : on se croyait revenu aux vilains jours de Mai 1877.

Il fallait agir au plus vite. Il fallait provoquer dans toute la France un mouvement grandiose. Le temps pressait. Alors, comme le mouvement de réaction qui se dessinait paraissait surtout dirigé contre les idées de la Révolution de 1789, comme l'anniversaire de cette grande date allait être célébré dans un délai rapproché, les républicains résolurent de faire appel à un souvenir historique et ils fondèrent la *Fédération de* 1889.

IV. — L'ADRESSE

Quel était le but de cette *Fédération* ?

Pour en donner une idée exacte, nous allons d'abord reproduire encore une fois l'adresse rédigée par les hommes les plus éminents du parti républicain, *adresse que tous les représentants républicains sans exception ont été à même de signer.*

Appel à tous les Républicains de France.

« Citoyens,

« Nous venons vous demander de vous joindre à nous pour célébrer dans une grande fédération le centenaire de 1789.

« Partout on se prépare à donner à cette glorification du plus grand événement de l'histoire, un incomparable éclat. L'exposition universelle, un monument commémoratif érigé sur l'emplacement des Tuileries, le musée de la Révolution, la Société d'histoire de la Révolution, une série de fêtes réunissant, à Paris, dans le même élan de fraternité, les républicains des départements aux républicains de la capitale : tels sont les projets dont on s'occupe déjà.

« Mais nous pensons que ces témoignages extérieurs seraient insuffisants, s'ils n'étaient accompagnés, appuyés, par un grand mouvement des esprits ; si le centenaire, en un mot, ne devait pas donner le signal d'un retour aux traditions de la Révolution.

« La Révolution française, éveil du peuple, préparé par les philosophes du dix-huitième siècle, les Voltaire, les Diderot, les Rousseau, les Montesquieu, les d'Alembert, qui répandirent, à pleines mains, sur le vieux monde, la semence des idées ; — la Révolution française, mise en marche de tous les parias, de tous les déshérités, de tous les misérables vers la justice, vers la vérité, vers la lumière ; la Révolution française, vous le savez, c'est la Loi, faite et consentie par tous, remplaçant le bon plaisir du roi ; c'est la conscience remplaçant le prêtre ; c'est la liberté du travail remplaçant la corporation fermée ; c'est le protestant, le juif devenant citoyen ; l'esclave, le serf redevenant homme ; c'est l'émancipation des intelligences, la rupture de toutes les chaînes, l'écroulement de toutes les Bastilles ; l'affranchissement du genre humain.

« Liberté ! — Mais être libre, c'est pouvoir. On ne peut rien quand on n'a rien, quand on ne sait rien. Si la lutte pour l'existence est la condition des sociétés humaines, il faut que tous les citoyens soient armés également pour cette lutte.

« De là l'admirable série de déclara-

tions, de lois, de décrets, ayant pour but
de délivrer l'homme de la misère et de
l'ignorance, et qui sont l'œuvre même,
vivante et agissante, de la Révolution,
auxquels se rattachent les noms de La-
kanal, de Lepelletier-Saint-Fargeau, de
Condorcet qui, le premier, a parlé de
l'éducation intégrale, et de tant d'autres :
institution de travaux « de secours »
pour les pauvres valides « dans les temps
morts au travail ou de calamités », créa-
tion de maisons de santé pour les mala-
des sans domicile, d'hospices pour les
vieillards et les enfants abandonnés ;
œuvres grandioses et sereines dans lesquelles la Révolution, terrible aux ennemis de la liberté, s'est montrée, en-
vers les malheureux, maternelle.

« Certes tous les républicains se re-
commandent des principes de 89. Mais
proclamer la fidélité aux principes ne
suffit pas. La Révolution n'est pas ter-
minée encore. Nos mains ne peuvent
encore attacher le bouquet symbolique
au sommet de l'édifice. Il nous reste de
la besogne. Il faut travailler, il faut combattre pour faire entrer ces principes
dans les mœurs, dans les lois et dans

les faits. — Souvenons-nous de nos ancêtres, des républicains du commencement de ce siècle, les hommes de l'âge héroïque, qui, résistant à toutes les tentatives de réaction, nous ont, au prix de leur fortune, de leur liberté, de leur vie, transmis, dépôt sacré, les traditions révolutionnaires.

« **La situation présente nous impose de graves et impérieux devoirs. Ne sont-ils pas, en vérité, infidèles à la Révolution, les républicains qui préconisent une politique d'ajournement et d'inertie ; qui, par peur, disent-ils, de trop de hâte, se condamnent à l'immobilité stérile ; qui, sous prétexte de tenir compte des forces du passé, vont jusqu'à transiger avec elles ; les républicains qui admettent le Concordat avec le pape et les compromis avec les royalistes ?**

« C'est contre cette doctrine funeste que nous devons nous élever, à la veille du centenaire ; c'est elle que nous devons combattre, nous qui réclamons, immédiates, les réformes depuis si longtemps promises par la République au peuple : la séparation des Eglises et de l'Etat, les libertés communales, l'instruction pour l'enfant, la protection pour la femme, l'assistance pour le vieillard, le crédit pour le travailleur, la justice gratuite, l'impôt progressif, l'égalité, enfin, de tous devant le service militaire ; car nous voulons reconstituer ce que nos aïeux de 92 appelaient : le grand parti des Patriotes, prêts à tout pour défendre le sol de la France et l'idée de la Révolution.

« Voilà donc pourquoi nous faisons appel à tous les républicains radicaux.

« Voilà pourquoi nous leur demandons de former partout des comités, de s'organiser, afin de poursuivre, par la parole, par la plume, par les réunions, par le vote, par l'action individuelle et collective, l'œuvre de la Révolution.

« Ces comités, étroitement liés par une pensée commune, seront indépendants. Celui de Paris ne sera pas supérieur à celui de la plus petite commune. S'il prend l'initiative, c'est pour centraliser, non pour diriger les efforts épars qui tendront tous au même but : La réalisation des réformes politiques et sociales qu'ont voulues nos pères, pour lesquelles ils ont souffert, pour lesquelles ils sont morts.

« Paris, le 14 juillet 1887. »

Ainsi, nous le répétons, cette adresse était offerte à la signature de **tous les républicains**. L'œuvre de la Fédération était ouverte à tous !

Il s'agissait avant tout de sauver la République *sérieusement menacée*.

Les républicains sur lesquels la France pouvait compter, les vrais républicains devaient tous signer cet appel.

Quatre membres seulement de la représentation républicaine sarthoise crurent devoir le signer.

Ce furent : MM. **Rubillard** et **Le Monnier**, sénateurs ; MM. **Leporché** et **Legludic**, députés.

Les trois autres s'abstinrent de donner leurs signatures.

C'étaient : M. **Cordelet**, sénateur ; MM. **Cavaignac** et **Paillard - Ducléré**, députés.

V. — DANS LA SARTHE

L'œuvre de la Fédération ne pouvait être une œuvre platonique. Elle constituait avant tout un mouvement pratique. Elle signifiait : Union de tous les républicains contre la réaction ; — union de tous les républicains pour la défense des principes de 1789 ; — union des républicains pour l'accomplissement des réformes nécessaires à l'affermissement et à la constitution définitive de la République !

Mais elle signifiait encore : *Marche en avant* et *Lutte vigoureuse pour la défense des idées qu'elle représentait.*

Il ne suffisait pas d'avoir fait une belle déclaration et de l'avoir signée, — il fallait la mettre en action, — il fallait créer de toutes pièces les rouages de la machine et lui donner la vie.

C'est ce que comprirent les représentants signataires de l'adresse.. C'était leur droit strict ; mieux que cela, c'était leur devoir de dire à leurs électeurs ce qu'ils pensaient.

Ils ne cherchaient ni à déconsidérer leurs collègues répu   cains, ni à leur nuire.

Ils défendaient des principes sacrés : voilà tout.

Ils pouvaient dire à leurs collègues : Vous voulez rester les bras croisés ! Il vous plaît de demeurer en arrière. Soit ! Mais nous, nous avons le droit et le devoir de marcher. Nous avons la conviction que l'attitude d'une partie de la majorité républicaine est favorable à la FACTION MONARCHISTE. Nous ne voulons pas de cela et nous réclamons bien haut le droit de dire aux électeurs : En avant !

Rien de plus digne, rien de plus correct que l'intention de nos quatre représentants républicains.

Ils furent, du reste, devancés dans leurs désirs par l'honorable *M. Bouttié, conseiller général du deuxième canton du Mans,* lequel à la date du 1er août, leur faisait parvenir la lettre suivante :

« A MM. Le Monnier, Rubillard, Leporché et Legludic, sénateurs et députés du département de la Sarthe.

« MESSIEURS,

« Les électeurs républicains de la ville du Mans ont été heureux de voir vos noms figurer parmi les adhérents à la Fédération du centenaire de 1789.

« J'ai pensé que cette œuvre ne devait pas se borner à Paris, mais trouver aussi son centre d'action dans les départements et je viens vous demander de vouloir bien user de votre légitime influence pour provoquer dans le département de la Sarthe la constitution d'un comité départemental. Ce comité aurait pour mission de grouper autour de lui tous ceux qui sont disposés à donner aux fêtes du centenaire de 1789 l'éclat et le retentissement que doit provoquer le souvenir de la plus grande date de notre histoire.

« Ne pourriez-vous profiter des vacances parlementaires pour convoquer au chef-lieu tous les conseillers généraux, conseillers d'arrondissement, conseillers municipaux républicains, parmi lesquels seraient choisis les membres du Comité provisoire? Autour d'eux viendraient se joindre tous ceux de nos compatriotes des communes de la Sarthe qui adhéreraient à la Fédération départementale.

« Notre département ne peut manquer

de répondre à l'appel que vous lui adresseriez et de l'occasion qui lui serait offerte de se grouper autour de ses chefs les plus autorisés. Cet appel réunirait tous ceux qui sous le Gouvernement de la République sont disposés à mettre en pratique les principes de notre immortelle Révolution.

« J'ose espérer, Messieurs les Sénateurs et Messieurs les Députés, que vous voudrez bien vous entendre avec vos honorables collègues pour donner à ma proposition la solution que j'ai l'honneur de solliciter de votre initiative.

« Veuillez me croire votre bien dévoué

« G. Bouttié,

« *conseiller général.* »

Cet appel de M. Bouttié répondait trop aux intentions de nos honorables sénateurs et députés pour n'être pas entendu. Et quelques jours après MM. Rubillard, Lemonnier, Legludic et Leporché adressaient la lettre suivante à tous les conseillers généraux, d'arrondissement et maires républicains du département de la Sarthe :

« Mon cher concitoyen,

« Dans quelques mois, la France entière célébrera le centenaire de la Révolution.

« Un comité central de la Fédération s'est constitué à Paris. Nous y avons adhéré avec un grand nombre de nos collègues du Sénat et de la Chambre des députés, parce que nous avons vu dans cette œuvre « le vrai moyen d'honorer et de continuer la Révolution.

« Devant les compromissions dont nous sommes chaque jour attristés, le parti républicain a le devoir de s'organiser et de dire hautement qu'il entend poursuivre et achever les réformes politiques et sociales qu'ont voulues nos pères.

« Il est temps que la démocratie, étonnée de ces concessions qui ont fait écarter indéfiniment les réformes promises, devenues par suite indifférente et inactive, se réveille de son trop long sommeil, se ressaisisse elle-même et fasse triompher la vérité sortie des principes de la Révolution.

« Là Fédération de 1889 lui donnera la force et la cohésion dont elle a besoin.

« Mais pour cela il faut que l'œuvre du centenaire rayonne de Paris jusque dans nos arrondissements, nos cantons et nos communes. Il faut que sur tous les points de notre département des Comités s'organisent et confondent dans un même sentiment de respect et de dévouement l'idée de la Patrie et l'idée de la Révolution.

« L'honorable conseiller général du canton du Mans, M. Bouttié, a eu raison de nous convier. Représentants de la démocratie sarthoise, nous ne faillirons pas à notre devoir.

« Nous vous prions donc, mon cher Concitoyen, de vouloir bien vous rendre à la RÉUNION GÉNÉRALE dont nous prenons l'initiative, qui se tiendra au Mans, le *vendredi 2 septembre, à 1 heure de l'après-midi, dans la Crypte de l'Ecole Mutuelle*, pour l'organisation de la Fédération dans la Sarthe, et plus particulièrement d'abord la constitution d'un Comité départemental.

« Recevez, mon cher Concitoyen, l'assurance de mon entier dévouement.

« Dr LEMONNIER, A. RUBILLARD, sénateurs, LEPORCHÉ, LEGLUDIC, députés. »

VI. — LA SCISSION

La lettre de nos quatre représentants eut, dans la Sarthe, un retentissement considérable.

Les Sarthois étaient las d'attendre des réformes sans cesse demandées et sans cesse ajournées. -- Ils étaient mécontents de la chute du ministère Goblet-Boulanger. Ils étaient inquiets de l'alliance ouverte que certains républicains avaient conclue avec les Monarchistes ; ils attendaient avec angoisse le résultat d'un pareil gâchis.

Le manifeste de la Fédération leur avait mis la puce à l'oreille. — La lettre de nos députés — de leurs mandats en qui ils avaient conscience — achevait de déchirer le voile et leur montrait la situation sous son véritable jour, dans toute sa gravité. — Les adhésions arrivèrent en foule. Un grand mouvement d'opinion se produisit.

Et c'est alors — *alors seulement* — que les trois représentants républicains de la Sarthe restés en dehors de ce mouvement — jugèrent à propos d'intervenir.

Et ils intervinrent d'une façon aussi

incorrecte qu'inattendue ! Ils faisaient insérer dans leur journal, l'*Avenir de la Sarthe*, une série d'articles dans lesquels les représentants signataires de l'*Adresse* étaient vivement pris à partie et accusés de vouloir semer la division dans le camp républicain.

D'autre part, M. Cavaignac, profitant de la réunion du Conseil général, réunissait et endoctrinait un certain nombre de Conseillers généraux.

Il leur faisait signer la lettre suivante adressée aux Conseillers d'arrondissement, aux maires et conseillers municipaux de notre département :

« Le Mans, le 26 août 1887.

« Monsieur et cher concitoyen,

« Vous avez reçu une circulaire signée par deux Sénateurs et deux Députés républicains, vous demandant de vous associer à l'organisation de la Fédération du Centenaire, et d'assister à la Réunion générale qui aura lieu le 2 septembre.

« Vous avez pu remarquer, par les signatures mêmes de cette circulaire, qu'on a exclu de cette organisation toute une partie de la représentation républicaine du département.

« Nous laissons à ceux qui ont pris l'initiative de cette organisation la lourde responsabilité de la scission du parti républicain.

« Et nous déclarons qu'il nous est impossible de nous associer à l'œuvre de division qu'ils ont entreprise.

> « RENARD, conseiller général, maire de Saint-Vincent-du-Lorouer ;
>
> « AUGUY, conseiller général, maire de Saint-Denis-d'Orques ;
>
> « CAVAIGNAC, député, conseiller général, maire de Flée ;
>
> « GASSELIN, conseiller général, maire de Chantenay ;
>
> « BRIFFAUT, conseiller général, maire d'Oisseau ;
>
> « CORDELET, sénateur, maire du Mans ;
>
> « COUSTURIER, conseiller général, maire du Lude ;
>
> « PAILLARD-DUCLÉRÉ, député, conseiller général, maire de Montbizot.
>
> « LAMY, conseiller général, maire d'Ecommoy ;
>
> « BOURGE, conseiller général, maire de Requeil »

Cette lettre n'était,. en définitive, que le résumé des accusations contenues dans le journal l'*Avenir*.

Il convient toutefois de faire une remarque importante :

C'est qu'elle constituait une entrave à la réunion générale organisée au Mans par les initiateurs de la Fédération, et annoncée dans leur lettre que nous avons publiée plus haut !

Ainsi *dix républicains* jugeaient à propos de condamner une *œuvre républicaine — avant d'avoir entendu les explications nécessaires.*

Une réunion publique étant préparée, *ils y étaient tous convoqués.* Ils pouvaient venir là — au grand jour — échanger avec leurs collègues les observations qu'ils avaient à présenter !

Ils pouvaient venir discuter, raconter leurs impressions, émettre leurs doutes et exprimer leur mécontentement, s'ils le voulaient !

Ils ont préféré éviter la discussion, fuir la lumière, faire une obstruction souterraine !

Ils ont voulu empêcher les maires et les conseillers municipaux
du département de venir écouter
les explications de leurs collègues républicains !

Ainsi, cette scission contre la-
quelle ils protestaient, c'était eux
qui la provoquaient.

Ils s'excluaient, ils s'excommu-
niaient eux-mêmes, sans vouloir
entendre la moindre explica-
tion !

Les républicains sarthois juge-
ront !

VII. — LA LETTRE DE M. LEGLUDIC

En présence de l'inqualifiable attitude
de MM. Cavaignac, Cordelet et Paillard-
Ducléré, en présence de l'acharnement
avec lequel ils s'opposaient à une *expli-
cation publique*, les propagateurs de la
Fédération furent atterrés.

Ils étaient stupéfaits, eux qui n'avaient
jamais rêvé que l'union et la concorde
républicaines, de s'entendre appeler *fau-
teurs de discorde*.

Ils étaient d'autant plus étonnés qu'ils
savaient depuis longtemps que *les repré-*

sentants opportunistes avaient préparé et commencé la scission dont ils les accusaient.

Et, dans une lettre fort nette, qu'il adressait à l'*Avenir*, et que l'*Avenir* ne publia qu'après *quarante-huit heures de réflexion*, M. Legludic écrivait ce qui suit :

« A Monsieur Emile Martin, rédacteur en chef du journal l'*Avenir de la Sarthe*.

« Monsieur le Rédacteur en chef,

« Dans votre numéro de ce jour, 30 août 1887, vous revenez sur *la situation politique* que crée dans le pays et particulièrement dans le département, l'organisation de *la Fédération*. Vous l'accusez de préparer d'une façon irrémédiable la division du parti républicain et vous ajoutez que *les hommes qui n'ont pas craint de consacrer, en face d'une réaction puissante, la division en deux camps de ce parti républicain, viennent d'assumer une lourde responsabilité.*

« Vous m'obligez, non à me défendre, mais à m'expliquer.

« Soit, je le veux bien... Il s'agit d'examiner en toute franchise sur qui doit retomber *cette lourde responsabilité*, sur les hommes qui se sont efforcés de faire la concentration républicaine contre les adversaires de la République ou sur ceux qui ont fondé et soutiennent un gouvernement devenu, quoi qu'ils disent, le protégé de nos plus irréconciliables adversaires.

« Vous parlez de division ! Mais elle n'a jamais été *mieux préparée* et *d'une façon peut-être irrémédiable* (pour employer vos expressions) que le jour où, au mois de février dernier, le Congrès républicain de Paris a formé ce *comité national* qui a frappé d'ostracisme tous les *Républicains radicaux*. Peut-être direz-vous que quelques membres de la gauche radicale avaient été conviés à ce congrès. Je reconnaîtrai volontiers que j'en étais et que par conséquent, en me faisant cet honneur, les initiateurs de cette réunion rendaient hommage à mon esprit de conciliation. Mais j'ajouterai que, devant l'exclusion de la plus grande partie de mes amis de la gauche radicale, je ne pus me résigner à répondre à l'invitation qui m'était adressée. MM. Lemonnier, Rubillard, Leporché, mes honorables collègues au Parlement, qui depuis des années tiennent haut et ferme le drapeau de la République dans la Sarthe, y avaient-ils été convoqués? je l'ignore. Mais je ne le crois pas.

« Et depuis, ce comité national a *étendu* sa propagande jusque dans les départements, a envoyé des listes de souscriptions, demandé des adhérents. S'il n'a pas fait, comme le propose aujourd'hui ouvertement *la Fédération* dans la Sarthe, une réunion républicaine, il n'en a pas moins continué son œuvre qui ne me paraît pas — et vous le reconnaîtrez avec moi — une œuvre d'union vis-à-vis du parti radical.

« *Cette consécration de la division en deux camps du parti républicain*, dont vous ne craignez pas de nous accuser, n'en trouveriez-vous pas mieux les symptômes, Monsieur le Rédacteur en chef, dans la chute du ministère Goblet, et l'avènement d'un cabinet que la droite se plaît à couvrir de sa protection?

« Et vous auriez voulu qu'après cette rupture de la concentration républicaine, seule capable d'assurer le succès dans l'avenir, rupture qui n'est pas de notre fait, le parti radical fût resté inactif et indifférent devant la lutte préparée et menée contre lui ! Et vous vous étonnez qu'à côté de *l'œuvre du Centenaire* fondée par les opportunistes, il ait organisé *l'œuvre de la Fédération* !

« Ce n'est pas une œuvre de désunion comme vous le dites, qu'a faite là le parti radical, c'est une œuvre de défense vis-à-vis d'une réaction puissante qui est toujours son objectif... Et ce qu'il réclame, c'est la réalisation de réformes que les républicains ont de tout temps inscrites en tête de leurs programmes.

« Cette œuvre de défense, il la continue dans le département. Il la poursuit au grand jour « sans provocation, mais sans faiblesse ». Il prend l'initiative d'une organisation républicaine ; mais il y convie tous les républicains, *sans exception, sans distinction de nuances.* Où est la division ?

« Cette initiative des radicaux dans la Sarthe vous surprend et vous blesse !

Et vous la dénoncez comme le commencement des divisions républicaines dans ce département ! Ferez vous croire au monde sarthois qu'il ne sait pas depuis longtemps qu'il a au Parlement des représentants opportunistes et des représentants radicaux ? Ou bien plutôt ne redoutez-vous pas que la démocratie de ce département ne sache gré au parti radical d'avoir songé à une organisation sérieuse et puissante de nos forces républicaines ? Que n'avez-vous pris vous-mêmes cette initiative ? Et si nous n'avions pas répondu à votre invitation, alors seulement vous auriez eu le droit de nous taxer de désunion.

« Nous avons fait appel, MM. Rubillard, Leporché et moi, à tous les républicains de la Sarthe *sans exception* pour l'organisation du parti républicain dans le département. Ceux-là seuls — croyez-le bien — auront assumé une lourde responsabilité qui auront tenté de détourner nos amis de cette œuvre d'organisation et auront fait eux-mêmes la scission dont ils nous accusent.

« J'espère, Monsieur le Rédacteur en chef, que vous voudrez bien — en réponse à votre article de ce jour — insérer dans votre plus prochain numéro, cette lettre que je m'excuse d'avoir faite un peu longue, et je vous prie d'agréer l'assurance de ma parfaite considération.

« L. Legludic. »

VIII. — LA RÉUNION GÉNÉRALE

Le Journal l'*Avenir* publia la lettre de M. Legludic sans commentaires.

Que pouvait-il y répondre ?

Les électeurs républicains commençaient à voir la vérité, ils commençaient à connaître les véritables auteurs de la division.

La réunion générale du 2 septembre, réunion qui eut lieu au Mans dans la *Crypte de l'Ecole mutuelle*, devait achever de leur ouvrir les yeux.

Cette réunion que l'*Avenir de la Sarthe* a osé traiter de piteuse, était composée d'environ trois cents députés, conseillers généraux, d'arrondissement et municipaux.

M. Paul Ligneul, conseiller d'arrondissement du premier canton du

Mans, fut nommé président. Les assesseurs étaient MM. Charbonnier et Carré, conseillers généraux : le secrétaire, M. Maurice Ajam.

M. Rubillard prit le premier la parole. Dans une brillante allocution, il expliqua que la Fédération de 1889 était uniquement dirigée contre les monarchistes et qu'elle était destinée à préparer les élections générales prochaines.

« Nous n'avons, dit-il, exclu personne de notre œuvre ; nous avons fait appel à tous : ceux qui n'ont pas répondu l'ont fait volontairement. Nous savons trop combien l'union républicaine est nécessaire dans la Sarthe, pour nous faire les promoteurs d'un désaccord. Nous regrettons vivement de ne pas voir tous les républicains venir avec nous ; mais cela ne nous empêchera pas de faire notre devoir et, par l'organisation de conférences, nous allons développer vigoureusement la Fédération de 1889. »

Ce discours fut accueilli par d'unanimes applaudissements.

M. Legludic monta ensuite à la tribune et il développa éloquemment les termes de la lettre qu'il avait envoyée au journal l'*Avenir*.

« Personne plus que moi, dit l'honorable député, n'a été partisan de la conciliation et de la transaction : voilà pourquoi je proteste énergiquement contre toute accusation d'exclusivisme. La Fédération de 1889 est une œuvre de défense : elle veut lutter pour les principes menacés. Elle veut faire entrer la République dans la voie des réformes ! »

Le réunion obtint le plus vif succès. Les listes d'adhésion mises à la disposition des assistants furent entièrement remplies — et un Comité d'initiative fut élu.

Le Comité fut composé de : MM. **Le Monnier** et **Rubillard**, sénateurs ; **Legludic** et **Leporché**, députés ; **Bouttié, Carré, Charbonnier** et **Grollier**, conseillers généraux ; **Ligneul** et **Soulard**, conseillers d'arrondissement.

IX. — LES STATUTS.

Le Comité d'initiative s'est réuni, pour la première fois, au Mans, au café **du**

Commerce, le vendredi 16 septembre, à 10 heures du matin.

Etaient présents : MM. Lemonnier, Rubillard, Legludic, Bouttié, Charbonnier, Carré, Ligneul et Soulard.

M. Lemonnier, dans une courte et vive allocution, dit que l'on ne peut sérieusement l'accuser, lui et ses collègues, d'avoir voulu la scission.

Il rappelle les faits qui se sont passés aux élections de 1885, dans la salle de la Crypte de l'Ecole Mutuelle, le jour où MM. Cordelet et Cavaignac ont voulu faire jeter à la porte la moitié des délégués républicains. « Ils l'auraient fait, ajoute l'honorable sénateur, si je ne m'y étais opposé de toutes mes forces, si je n'avais pas été jusqu'à les menacer de me retirer. Voilà probablement ce qu'ils appellent faire de l'union ! »

On procède ensuite sur la proposition de M. Legludic à la rédaction d'un manifeste et des statuts.

Voici les *statuts* :

LA FÉDÉRATION DE 1889

DANS LA SARTHE

—

STATUTS

ARTICLE PREMIER

Le but de la Fédération est :

1° De préparer dans la Sarthe, la célébration du Centenaire de 1789 ;

2° De défendre, de propager et de développer les principes de la Révolution Française, et par l'action de toutes les forces de la Démocratie, de travailler à l'établissement réel et définitif de la République.

ARTICLE 2.

La Fédération dans la Sarthe se compose :

1° Des sénateurs, députés, conseilleurs généraux et d'arrondissement, adhérents ;

2° Des groupes constitués, dans les arrondissements, les cantons et les communes ;

3° Des adhérents personnels ;

4° Des directeurs et rédacteurs en chef des journaux adhérents.

ARTICLE 3.

La Fédération se réunit en Assemblée générale deux fois par an, en mai et en novembre.

ARTICLE 4.

Tout membre de la Fédération a droit à une carte délivrée par le Comité central.

ARTICLE 5.

La Fédération dans la Sarthe est administrée par un Comité central composé :

1° Des sénateurs, députés, conseillers généraux et d'arrondissement, adhérents ;

2° D'un délégué par canton.

ARTICLE 6.

Le bureau du Comité central se compose de :

Un Président,
Quatre Vice-Présidents,
Un Secrétaire,
Un Trésorier.

ARTICLE 7.

Les membres du Comité central sont répartis en trois commissions :

1° Commission de propagande et de conférences, chargée de faire connaître aux citoyens le but de la Fédération, d'inviter ces citoyens à marcher dans la voie des réformes démocratiques et sociales, ENFIN DE PROVOQUER LA PRÉPARATION DES CAHIERS DE 1889.

2° Commission de correspondance et d'admissions, chargée de fournir aux républicains du département, les renseignements de politique et d'administration générale, dont ils peuvent avoir besoin ;

3° Commission de finances qui procède à la vérification des comptes, et qui étudie les dépenses à faire pour procéder à la propagande fédérale.

ARTICLE 8.

Les ressources de la Fédération de la Sarthe consistent en dons et souscriptions volontaires.

ARTICLE 9.

Le Comité central désigne le lieu de ses réunions qui est le siège de la Fédération. Tous les adhérents de passage au Mans y sont reçus et trouvent tous les renseignements politiques, administratifs et personnels dont ils peuvent avoir besoin.

Des listes de souscription sont à la d sposition des Membres adhérents *à la Fédération*: ils devront s'adresser au Secrétaire, M. Ligneul Paul fils, du Mans.

Ces listes sont accompagnées de la circulaire suivante :

Le Mans 16 septembre 1887.

Mon cher Concitoyen,

En fondant l'œuvre de la Fédération, les républicains ont voulu célébrer — avec l'éclat qui convient à cette grande date de notre histoire — **LE CENTENAIRE DE 1789**. Ils ont pensé aussi qu'il fallait profiter de ce magnifique élan d'enthousiasme que ne peut manquer de produire l'anniversaire de la Révolution française, pour organiser en face de la Réaction qui nous menace, les forces de la Démocratie.

Sans doute, la République n'a rien à craindre de la Monarchie, et l'audacieux défi lancé aux libertés modernes par un Manifeste récent, n'est pas de nature à enflammer les cœurs et à capter les suffrages de la nation...! Mais nous serions coupables si, devant ces déclarations de guerre, nous manquions de vigilance ; si, devant ces préparatifs de combat, nous restions inactifs et désarmés.

La réunion générale qui a eu lieu au Mans, le 2 septembre dernier, l'a compris ainsi et a chargé une Commission d'initiative de préparer l'organisation républicaine dans le département.

Nous faisons appel à tous les républicains qui veulent assurer le triomphe des grandes réformes politiques et sociales qu'ont élaborées nos pères.

La modicité de nos cotisations permet aux plus humbles d'adhérer à notre œuvre démocratique.

Enfin nos statuts que nous envoyons répondent aux reproches de division qui nous ont été injustement adressés. Ils ouvrent la porte toute grande *à tous les républicains sans exception* et forment le Comité central de tous les sénateurs, députés, conseillers généraux et conseillers d'arrondissement républicains qui voudront adhérer à notre œuvre et se rejoindre aux délégués de nos cantons.

Lorsque les cantons auront désigné leurs délégués et envoyé la liste de leurs adhérents, nous convoquerons tous les membres de la Fédération à une grande réunion générale au Mans. Le Comité d'initiative soumettra le résultat de ses travaux, proposera l'adoption des statuts et remettra ses pouvoirs entre les mains de l'assemblée générale qui procèdera à l'élection d'un bureau définitif.

D'ici là il nous faut travailler. Nous nous proposons de développer la propagande par les journaux et les conférences; mais nous faisons surtout appel, mon cher concitoyen, à votre initiative et à votre dévouement.

Le Président de la Commission d'initiative,

LE MONNIER,
Sénateur.

Le Secrétaire,
LIGNEUL Paul Fils,
Conseiller d'arrondissement.

Nota. — Vous êtes prié d'adresser la

liste d'adhésion ci-jointe, ainsi que les communications que vous jugeriez utile, à M. Ligneul Paul fils, secrétaire de la Fédération, au Mans.

CONCLUSION.

L'œuvre de la Fédération est en bonne voie.

Les républicains sarthois savent maintenant ce qu'elle veut faire, où elle veut aller !

Du reste, le comité d'initiative va organiser une série de conférences dans lesquelles toutes les explications nécessaires seront fournies. — Il fait dès à présent appel au dévouement des municipalités et des comités républicains.

La *Fédération de 1889 entend s'adresser à tous les républicains sans exception !*

Elle espère que tous ceux d'entre eux qui ont pu être trompés, qui ont conçu contre elle certaines préventions ne tarderont pas à reconnaître leur erreur !

Elle les attend !

Et à tous, elle déclare énergiquement, hautement qu'elle veut-être :

UNE ŒUVRE D'UNION

MANIFESTE DU COMTE DE PARIS

Réflexions d'un rural.

Fouinard et Caduchet (Dialogue).

Caduchet, revenant du marché, rencontre son voisin Fouinard et l'invite à monter dans sa voiture ; ils échangent quelques paroles de politesse et la conversation s'engage entre eux de la manière suivante :

Caduchet. — Dis donc, Fouinard, je parie que tu as quelque chose de nouveau à me raconter.

Fouinard. — Tu tombes àjpic, j'étais justement vendredi dernier, 16 courant, au Mans, l'ami Grattelard était avec moi et m'a mené sur la place] de la République, au café du Commerce, c'était la première fois que j'y allais ; en voilà un grand café, c'est à se perdre [dedans, on dirait la halle de chez nous. Ha mé, c'est très chic ce café là, on y boit de la bien bonne bière. Grattelard qui est un demi-bourgeois m'a offert après la bière un petit verre de cuirasseau : en vlà une bonne liqueur, je m'en suis pourleché les babines pendant plus d'une demi-heure, il ne ressemble point à celui que l'on boit dans nos cabarets, car au lieu d'être roux, celui-là était tout blanc, ils appellent ça du cuirasseau blanc, non, c'est pas ça que je veux dire, diable, je je ne me rappelle plus le nom, hâ si, ça me revient, c'est du triple sec, mais à à propos, connais-tu le café du Commerce?

CADUCHET. — Non, je ne connais au Mans que deux ou trois auberges.

FOUINARD. — Hâ, mon cher, je t'engage à aller voir cà un vendredi. C'est très curieux, on y voit toute espèce de monde, les uns en paletot, les autres en blouse. Il y en a qui ont des petits sacs en toile qui contiennent des échantillons de grains ou de graines. Il s'en fait là un commerce ! c'est comme qui dirait la bourse de Paris, paraît-il. Il y a sur les une ou deux heures un tel tohu bobu que c'est à en perdre la tête. Hé puis, on y voit des gens très chouettes, des gros commerçants, des notaires, des avocats, voire même des députés, des sénateurs. On entend toute espèce de conversations, les uns parlent de leurs affaires et de celles des autres ; d'aucuns s'entretiennent de niaiseries, d'autres parlent politique. Bref, que je me suis dit, pour apprendre les nouvelles du jour, je n'ai qu'à ouvrir les oreilles et écouter. Parbleu, tu vas voir que je m'étais pas trompé.

Caduchet. — Tu m'intéresses vivement, à mon prochain voyage au Mans, j'irai voir ça, mais en attendant, continue ton récit.

Fouinard. — Comme j'avions du temps devant nous, j'ai dit à Grattelard, allumons notre pipe, car il est bon de te dire que tout le monde fume là dedans, d'aucuns même fument leur vieux brule-gueule, (du reste la liberté est ben libre) et lancent leur fumée avec une telle rapidité qu'on dirait de véritables locomotives. A côté de nous se trouvaient deux bourgeois, mais tu sais, des bourgeois à coup sûr ben cossus, la preuve c'est qu'ils buvaient de l'absinthe. Je parierais que ce devait être des médecins. Ces bougres là nous défendent, quand ils viennent nous voir, d'en avaler, et justement, chaque fois que je trouve le mien à l'auberge, c'est toujours une absinthe qu'il m'offre. Mais, après tout, je pourrais ben me tromper, ça aurait ben pu être des rentiers ou ben des gratte-papier, ou des journalistes. J'ai toujours entendu dire que tous ces gens là aimaient beaucoup l'absinthe. L'un de ces bourgeois dit à l'autre ; hé bien ! mon cher, que dis-tu du manifeste du comte de Paris ? Hé, Hé ! que je dis à Grattelard, écoute ben mon vieux, faisons semblant de ren, nous allons apprendre du nouveau, attention. Le petit répond au grand, car j'avais oublié de te dire qu'il y avait une notable différence de grandeur entre mes deux particuliers. Le petit, dis-je, répond : le manifeste ne mérite guère d'être discuté, il est très long, très diffus, contient une masse de banalités, il y est question du maintien du suffrage universel, au cas bien improbable où ce *bon roi Dagobert*, je veux dire le comte de Paris, serait appelé à monter sur le trône.

Le grand reprend : le suffrage universel nous a été donné par les républicains de 48 et est aujourd'hui tellement entré dans nos mœurs qu'aucune monarchie n'oserait le supprimer.

Quant à moi, Caduchet, si j'avais pu parler à ces biaux messieurs, je leur aurais dit : N'empêche pas, que si nous n'avions eu trois républiques, qui toutes trois ont contribué à l'affranchissement de ce que nos bons amis les conservateurs appellent la canaille, et que nous nous appelons le peuple, je suis ben sûr que leur comte de Paris ne nous l'aurait pas offert comme don de joyeux avènement. Je crois même que s'il était roi, il serait assez roublard pour nous dire : Mes petits agneaux, je vous avais jadis promis le suffrage universel, c'était pour pouvoir plus facilement arriver au pouvoir, mais maintenant que j'y suis, je vous le retire, car vous seriez bien capable de m'envoyer là-bas, à Paris, des députés qui me donneraient du fil à retordre. Je suis votre maître. Hé ben, maintenant, le premier d'entre vous qui bouge, je le fais fusiller pour faire peur aux autres.

Les orléanistes partisans du suffrage universel, allons donc, ils me feraient plutôt avaler la lune ; mais ils ont déjà oublié qu'en 1871, à l'Assemblée nationale, eux et leurs amis, les légitimistes, ont voté pour nous le retirer. Sans les républicains, mon pauvre Caduchet, c'en était fait ; nous n'aurions pas eu, toi et moi, le droit de voter, nous n'aurions jamais été assez riches pour ça.

Caduchet. — Très bien, ami Fouinard, je suis complètement de ton avis ; j'avons bonne mémoire, le jour du vote nous nous souviendrons de tout ça.

Fouinard. — Après avoir quelque temps causé sur ce sujet, le petit dit au grand : As-tu remarqué que dans ce manifeste, *qui manifeste surtout le désir de gouverner la France*, notre futur roi qui, je l'espère, ne le sera jamais, fait remarquer que, si un Congrès a fait la République, un autre peut la détruire et refaire la Monarchie.

Le grand reprend : c'est un comble et un comble de jésuitisme, car un peu plus loin il ajoute : il sera utile pour asseoir le trône de mes pères sur des bases très solides et éternelles, de renouer par un nouveau pacte, les antiques traditions royales et en délier pour toujours la génération actuelle et les générations futures.

Bon, que je me dis à moi-même, parfait, notre comte de Paris duc d'Orléans trouverait tout naturel que je choisisse un mari à ma petite fille qui est encore au biberon, et ma famille devrait se mettre à genoux devant moi et me dire en voilà un vénérable aïeul ! est-il prévoyant, il pense à tout, il ne veut pas même nous laisser le soin d'aider notre fille dans le choix de notre futur gendre. Hâ, c'est que le bonhomme est instruit par l'expérience et ne peut pas se tromper, il est comme le pape, infaillible.

Quant à moi, mon ami Caduchet, je crois ben que si nous agissions tous comme cela, le nombre des cornards est déjà bien grand, mais il deviendrait si considérable que le bon saint Pierre serait obligé de prendre à son service une escouade d'ouvriers, munis de scies inusables pour scier les cornes des prédestinés qui ont des droits acquis pour entrer dans le céleste séjour des cieux.

Tu sais que d'après les antiques traditions, le paradis est bien haut perché, et la porte d'entrée tellement étroite,que ceux qui ont des têtes de cerf resteront à la porte, à moins toutefois qu'ils ne trouvent des gens complaisants pour les débarrasser de leurs ornements.

J'ai toujours pensé que c'était pour cette raison que les prêtres étaient tous célibataires.

T'es rigolo, je suis sûr que tu n'as pas bu que de l'eau claire aujourd'hui.

C'est vrai j'ai sous le bonnet quelques bouteilles de petit bleu et un bon café, mais c'est pas ça qui m'empêche d'être sérieux. Sais-tu ce qui me rend rigolo, hé bien, mon cher, c'est de voir que tous ces biaux messieurs, tous ces biaux faiseurs d'embarras, parce qu'ils sont riches et habitent des châteaux nous prennent, nous, les ruraux pour des imbéciles, bons tout au plus à mener à la corde et à manger du foin. Je sommes pas plus bêtes qu'eux, pas vrai Caduchet, et le jour du vote nous leur prouverons que notre bulletin vaut bien le leur, et que nous sommes, nous, les plus nombreux, mais je continue ;

Le petit dit au grand : le futur monarque dans son manifeste à son bon peuple Français parle de rétablir l'équilibre dans nos finances qui sont à son avis très mal gérées et de diminuer les impôts.

Le grand reprend, c'est très facile à dire, mais il oublie que les dépenses budgétaires pour la guerre et la marine se chiffrent annuellement par près d'un milliard ; que ce budget qui assure la sécurité de notre pays est incompressible.

Il ne viendrait à personne l'idée de désarmer quand on sait que notre voisine l'Allemagne est armée jusqu'aux dents. Nous devons payer aussi tous les ans à un taux très élevé la rente de huit milliards dont le capital a servi à payer les fautes du 3° empire, les frais de la guerre Franco-Allemande de 1871. Il nous faut aussi maintenir notre outillage commercial et industriel à la hauteur de celui des pays voisins. Nous avons dû, par ce fait, dépenser pas mal d'argent pour constructions de chemins de fer, chemins vicinaux, canaux, etc., etc. Il nous a fallu encore construire beaucoup d'écoles. L'instruction est indispensable à un peuple libre, à un peuple qui veut conserver ses libertés si chèrement acquises. Combien d'autres dépenses utiles et indispensables sont encore à faire et dont je ne parle pas. Je me dis en entendant ça, c'est bien aux d'Orléans à nous parler de gaspillages financiers, eux qui, au lendemain de nos désastres, pour payer la généreuse hospitalité qu'on leur avait offerte, n'ont pas craint de nous réclamer 40 millions qu'on a eu la bêtise de leur donner. C'est moi si j'avais été à l'assemblée nationale, qui les aurait bien envoyé les demander aux Bonapartistes leurs fidèles alliés d'aujourd'hui ; de plus je les aurais priés poliment de quitter la France. Je me demande si par hasard, le comte de Paris devenait roi de France s'il verserait dans les caisses de l'Etat au nom de sa famille les cent millions à titre de restitution pour le capital et les intérêts des 40 millions qu'ils s'est fait donner en 71 par la France mutilée et meurtrie. Hâ ! oui, je t'en fiche, sa maxime est « que ce qui est bon à prendre est bon à garder. »

Les d'Orléans osent encore nous faire parler par leurs amis des gaspillages financiers à propos de la construction de nos écoles. Ils ne trouvent pas que le budget des cultes soit trop élevé, que le traitement des curés soit trop onéreux pour les contribuables, mais en revanche ils pensent que nos instituteurs sont trop rétribués. Moi, tout bête que je suis, je trouve que le traitement d'un instituteur devrait être supérieur à celui d'un curé, car un curé, après tout, n'a que sa personne à faire vivre, tandis qu'un instituteur a toute une famille à nourrir, à élever et à caser. Ils parlent des palais scolaires, mais je trouve que ces palais sont des chaumières à côté des églises et des cures qu'ils décorent pompeusement du nom de presbytères. Chacun son goût. Moi je trouve que l'on se passerait plus facilement de curés que d'instituteurs, c'est mon droit d'avoir une opinion. Mais je me tais, chut, si l'on m'entendait, je serais damné comme un chien, et l'on crierait à la profanation. Quoi, oser comparer le corps enseignant au clergé, je t'en ficherai, va, propre à rien, fi donc, ce que tu fais là est bon pour des goujats, bon pour des gens qui n'ont ni foi ni loi. Tu ignores donc, pauvre imbécile, que pour nous autres conservateurs, rien n'est sacré, si ce n'est un prêtre. Que penses-tu de tout ça, Caduchet?

CADUCHET. — Je pense que tu as raison, Fouinard ; mais, je t'en prie, ne parle pas si haut, car si un de nos ennemis t'entendait, il pourrait t'en cuire.

FOUINARD. — Tant pis, je te dis ce que je pense, mais en tout, car je te remercie de ton conseil et je vais me modérer; mais je vais achever de te raconter la conversation de mes deux gaillards. Le grand dit au petit : As-tu lu aussi dans son manifeste qu'il rétablirait la paix religieuse et rouvrirait les écoles chrétiennes ?

Parbleu, reprend le petit, je le crois bien, c'est absolument nécessaire à la monarchie; elle ne peut vivre que par l'union étroite de la noblesse et du clergé. Ils mettraient en pratique cette maxime : « Hors l'Eglise pas de fonctionnaires... » Le clergé et la noblesse formeraient la classe dirigeante, ils imposeraient leurs volontés aux ruraux et les conduiraient au doigt et à l'œil jusqu'au jour où une Révolution nous débarrasserait de cette tyrannie.

Oh ! que je me suis dit : comme ils sont dans le vrai. Pour obtenir la paix religieuse dans notre commune, comme notre curé est en délicatesse avec notre maire, il faudrait que notre curé serait sinon notre maire nominal, du moins notre maire effectif, et, pour le coup, on reviendrait, comme ils le souhaitent, au bon vieux temps, où la chaîne des traditions monarchiques a été interrompue, c'est-à-dire cent ans en arrière. Dis donc, Caduchet, accepterais-tu de gaieté de cœur de revenir à ces temps heureux où le roi était tout, et nous, le peuple, rien. Ah ! je pense, mon vieux, que tu es de mon avis : Nous avons conquis nos libertés et je voulons les garder coûte que coûte.

Quant à moi, je me rappelle trop bien que mon grand'père m'a dit : Jacques, mon garçon, souviens-toi que sous la vieille monarchie, mon père a été jeté

en prison par le seigneur du village et y
serait probablement mort, car ma pauvre mère n'avait pu attendrir, malgré
ses larmes, ce descendant des croisés,
et il n'a dû sa mise en liberté qu'à la re-
commandation de notre médecin qui
était un de nos amis et auquel notre
puissant seigneur ne pouvait pas refuser
grand chose, attendu qu'il avait guéri
son fils unique d'une maladie très grave.
Sais-tu quel était le crime de mon aïeul :
c'était que, lui, fermier du château, avait
eu le malheur de tuer un lièvre dans ses
champs. Hâ, le diable m'emporterait
plutôt tout vivant que d'oublier ça. Aussi
j'ai su apprécier de bonne heure que si
nous sommes ce que nous sommes, nous
le devons, quoi qu'en disent les monarchistes, à la République. Je comprends
aussi qu'ils n'aiment pas ce gouverne-
ment-là, car les républicains crient par
dessus les toits qu'il veulent établir un
impôt sur le revenu, que l'impôt doit
être, non proportionnel, mais progressif,
que le gouvernement doit demander de
l'argent à ceux qui en ont, et comme ils
en ont beaucoup, je trouve tout naturel
qu'ils veulent le conserver et cherchent

par tous les moyens possibles à s'opposer à toutes les réformes démocratiques.

Quelques semaines avant les élections, on les voit parcourir nos campagnes, semer quelques louis par-ci par-là, déblatérer contre le gouvernement, parler de la misère du peuple, de la misère des cultivateurs. Mais on n'en voit pas, mais pas un seul qui dise à ses fermiers : mes amis, les impôts que vous payez sont trop lourds, la République vous accable de charges et vous succombez sous le poids de ces charges ; hé bien, à partir de cette année, je paierai pour vous la moitié des impôts qui grèvent les terres et les fermes que je vous ai louées.

Je crierais bravo, s'ils faisaient ça, et je trouverais tout naturel que nous nous laisserions prendre à ces marques de sympathie ; mais j'enrage quand je vois quelques-uns de mes amis, parce qu'ils ont donné une poignée de main à ces gros seigneurs, croire que tout est sauvé et leur accorder leurs voix. Caduchet, je te le répète, les gros ne peuvent être nos défenseurs, leurs intérêts sont complétement en opposition avec les nôtres

et ils commenceront, sois-en certain, par
défendre leurs intérêts avant de défendre ceux des autres.

Mais, à propos, Caduchet, arrête donc
ton cheval, me voici arrivé en face ma
ruelle ; merci, et au revoir.

CADUCHET. — Mon papa Fouinard, je
suis heureux de t'avoir rencontré, tu
m'as conté là une poignée de vérités, tu
peux être sûr que tant que je trouverai
à qui le dire, je ne le dirai pas aux
pierres ; à notre prochaine entrevue, je
te régale d'un bon café, et je te remercie
des quelques instants agréables que tu
m'as fait passer avec toi.

Jacques BONHOMME

Le Mans. — Imp. A. Drouin, 5, rue du Porc-Épic.

Les Membres adhérents à la
Fédération pourront se pro-
curer des listes de souscription,
en s'adressant au Secrétaire,
M. LIGNEUL Paul fils, du
Mans.

www.ingramcontent.com/pod-product-compliance
Lightning Source LLC
Chambersburg PA
CBHW061814050726
47598CB00002B/930